Dieter Köhnen

Origineller Bastelspaß
rund ums
Herz
Motive und Geschenkideen

FALKEN

Im FALKEN Verlag sind zahlreiche Titel rund ums Thema „Basteln" erschienen. Fragen Sie Ihren Buchhändler.

Die Deutsche Bibliothek – CIP-Einheitsaufnahme

Origineller Bastelspaß rund ums Herz : Motive und Geschenkideen / Dieter Köhnen. – Niedernhausen/Ts.: FALKEN, 1994
   (Schönes Hobby)
   ISBN 3-8068-5272-3

ISBN 3 8068 5272 3

© 1994 bei Falken-Verlag GmbH, 65527 Niedernhausen/Ts.
Die Verwertung der Texte und Bilder, auch auszugsweise, ist ohne Zustimmung des Verlags urheberrechtswidrig und strafbar. Dies gilt auch für Vervielfältigungen, Übersetzungen, Mikroverfilmung und für die Verarbeitung mit elektronischen Systemen.
Bastelarbeiten: Marianne Bienefeld S. 18/19, 30; Michèle Bruderer S. 42/43; Dieter Köhnen S. 7, 9, 11-17, 20/21; Heiner Lau S. 24-26; Neda Leukens S. 36-41; Monika Lotte S. 46/47; Audrey Marshall S. 44/45; Dieter Merten S. 27-29; Gabriele Meyer S. 31-35; Michael Nolden S. 8,10
Umschlaggestaltung: Peter Udo Pinzer
Redaktion: Christiane Rückel
Herstellung: proof GmbH, Frankfurt am Main
Titelbild: Michael Zorn, Wiesbaden
Fotos: Bernd Scholzen, Mönchengladbach
Reinzeichnung des Vorlagebogens: Ulrike Hoffmann, Bodenheim
Die Ratschläge in diesem Buch sind von dem Autor und vom Verlag sorgfältig erwogen und geprüft, dennoch kann eine Garantie nicht übernommen werden. Eine Haftung des Autors bzw. des Verlags und seiner Beauftragten für Personen-, Sach- und Vermögensschäden ist ausgeschlossen.
Satz + Lithografie: M TYPE GmbH, Saarbrücken
Druck: Appl, Wemding

INHALT

Fensterbilder mit Herz — 4
Herzilein — 8
Comic-Herzen — 9
Herzschaukel — 10
Herzhüpfer — 11
Ein Bad aus vollem Herzen — 12

Papier mit Herz — 14
Karten, Briefpapier und -umschläge — 14
Herzen mit Durchblick — 20
Herzballons — 21

Holz mit Herz — 22
Servietten- oder Briefhalter — 22
Herzuhr — 25
Herzmobiles — 26
Herztafel — 28
Herzblumen — 28

Stoff mit Herz — 30
Herzkissen — 30
Tischgirlande — 35
Adventskranz — 35

Moosgummi mit Herz — 36
Herzständer — 37
Herzpinnwand — 38
Herzschachteln — 38
Herzschmuck — 40
Herztischsets — 41

Blumen mit Herz — 42
Tischdeko — 42
Herzpotpourri — 44
Herzkranz — 45

Kuchen mit Herz — 46

FENSTERBILDER MIT HERZ

Fensterbilder mit Herzmotiven aus Tonkarton und -papier lassen sich ganz einfach selber basteln. Das Grundmotiv für jedes Fensterbild ist immer ein Herz oder auch mehrere Herzen. Wie das Motiv jeweils in Szene gesetzt wird, zum Beispiel ob groß oder klein oder zusammen mit anderen Motiven, ist jeweils unterschiedlich.

Die Herstellung von Fensterbildern vollzieht sich jedoch grundsätzlich in fünf Schritten:

- ❤ Zunächst wählen Sie das Fensterbild, das Sie basteln wollen, aus diesem Buch aus. Die entsprechende Motivvorlage finden Sie auf dem beiliegenden Vorlagebogen.
- ❤ Die Umrisse des Motives übertragen Sie vom Bogen mit einem weichen Bleistift auf Transparentpapier.
- ❤ Legen Sie dann einen Zeichenkarton unter das Transparentpapier, und fahren Sie die Konturen des Motivs noch einmal nach, so daß diese auf dem Karton sichtbar sind.
- ❤ Wenn Sie nun das Motiv an den Konturen entlang ausschneiden, erhalten Sie eine **Schablone**.
- ❤ Mit dieser Schablone lassen sich die Motive schnell und einfach übertragen. Sie wird jeweils auf das Tonpapier oder den -karton gelegt. Dann führen Sie einen Bleistift an den Motivkonturen der Schablone entlang, malen so das Motiv auf und schneiden es dann aus.

Noch ein Tip zur Herstellung: Verwenden Sie zum Schneiden gerader Linien ein Schneidemesser (im folgenden Cutter genannt) oder eine Papierschere. Ziehen Sie den Cutter stets von innen nach außen, und benutzen Sie für Schnitte in umgekehrter Richtung die Schere. Für das Schneiden runder Linien eignet sich eine Rundschere

Stellen die aus Tonpapier und -karton ausgeschnittenen „eigentlichen" Motivteile das Fensterbild dar, so spricht man hier von einer **Positiv-Technik.** Verwendet man hingegen die Teile des Papieres oder des Kartons, aus denen ausgeschnitten wurde, so ist von einer **Negativ-Technik** die Rede. Eine Weiterentwicklung der Positiv-Technik ist die sogenannte **Schicht-Technik,** bei der die ausgeschnittenen Motivteile in Schichten aufeinandergeklebt werden. Sie eignet sich besonders für plastische Fensterbilder. Die **Stege-Technik** ist eine Variation der Negativ-Technik. Beim Ausschneiden der Motivteile aus Tonpapier oder -karton bleiben zwischen diesen nur schmale Stege stehen. Das auf dieser und auf Seite 7 abgebildete Fensterbild ist in einer kombinierten Positiv-Negativ-Technik angefertigt worden. Vergessen Sie nicht, oben am Fensterbild einen Faden zum Aufhängen zu befestigen.

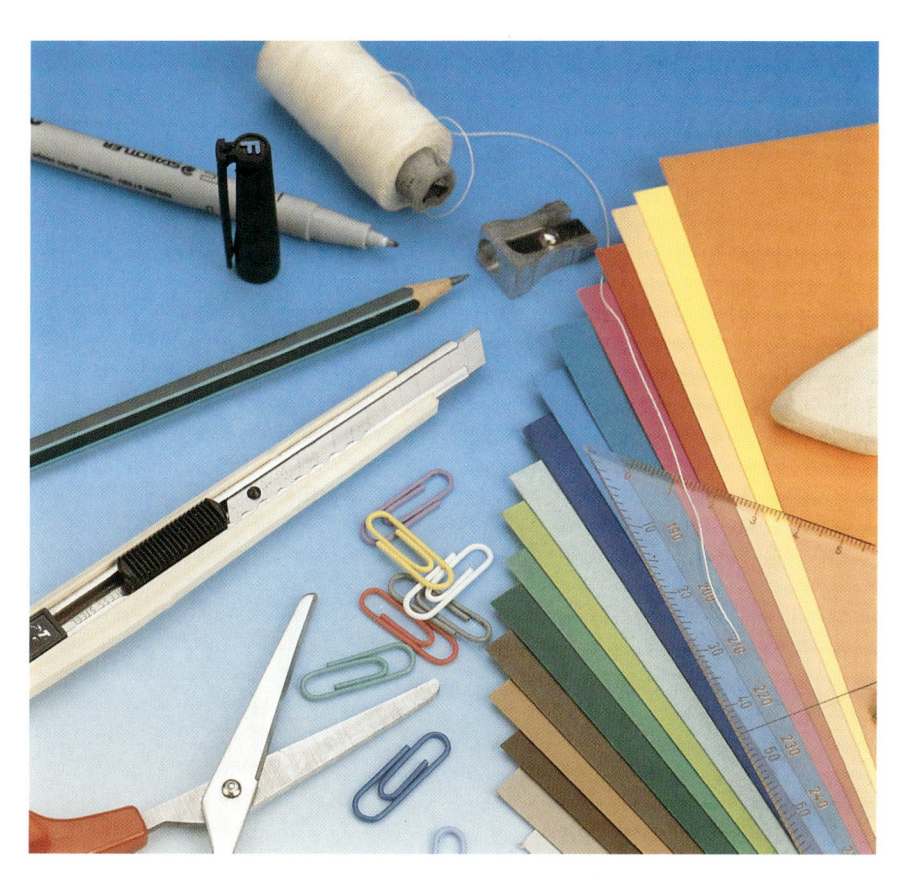

MATERIAL UND WERKZEUG

- ♥ Arbeitsunterlage
- ♥ Papierschere oder Cutter
- ♥ Rundschere
- ♥ Bleistift
- ♥ schwarzen Filzstift
- ♥ Radiergummi
- ♥ Zirkel
- ♥ Lineal
- ♥ Transparentpapier zum Abpausen
- ♥ Tonpapier und -karton in unterschiedlichen Farben
- ♥ festen Zeichenkarton für Schablonen
- ♥ Klebstoff
- ♥ transparentes Klebeband oder Büroklammern zum Fixieren der Motivteile
- ♥ Locher für runde Papierschnipsel
- ♥ Nähgarn oder anderen Faden zum Aufhängen

Mit Transparentpapier werden die Motive vom Vorlagebogen auf Tonkarton übertragen

Der Cutter eignet sich am besten für das Schneiden von geraden Linien

Die beiden Schleifen, das Herz und das Schweinchen werden mit Papierkleber aneinandergeklebt

Dieses originelle Fensterbild wird jeden Betrachter zum Schmunzeln bringen. Schleife und Herz einmal, alle anderen Motive zweimal ausschneiden und zusammenfügen

HERZILEIN Das gelbe Motivteil einmal, alle anderen Elemente zweimal ausschneiden. Erst jeweils die Teile für Herzmann und Herzfrau an die Herzen und diese dann auf die Vorder- und die Rückseite des gelben Motivteils kleben. Die Noten nicht vergessen

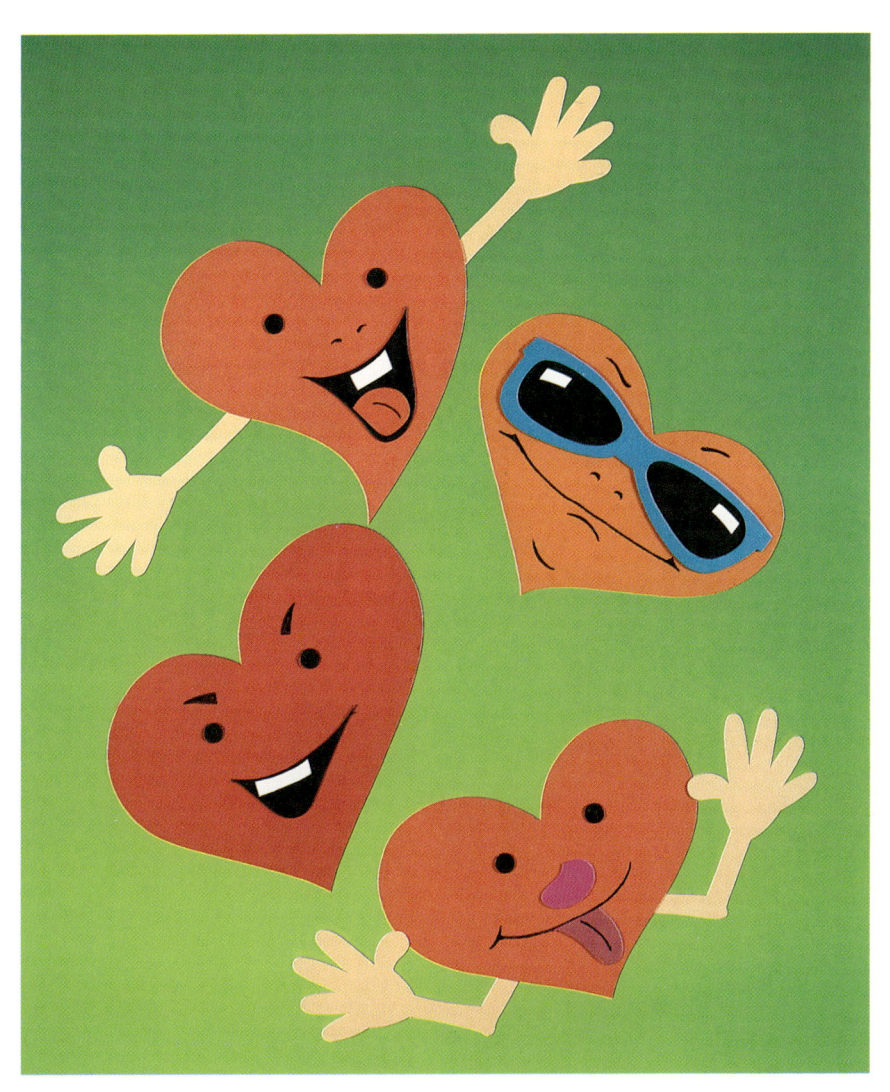

Für diese lustigen Comic-Herzen müssen jeweils alle Teile, die in die Gesichter direkt auf die Herzen geklebt sind, zweimal gefertigt werden. Bei den Herzen mit Armen sind die Arme einmal anzufertigen, die zwischen die Herzen geklebt werden

COMIC-HERZEN

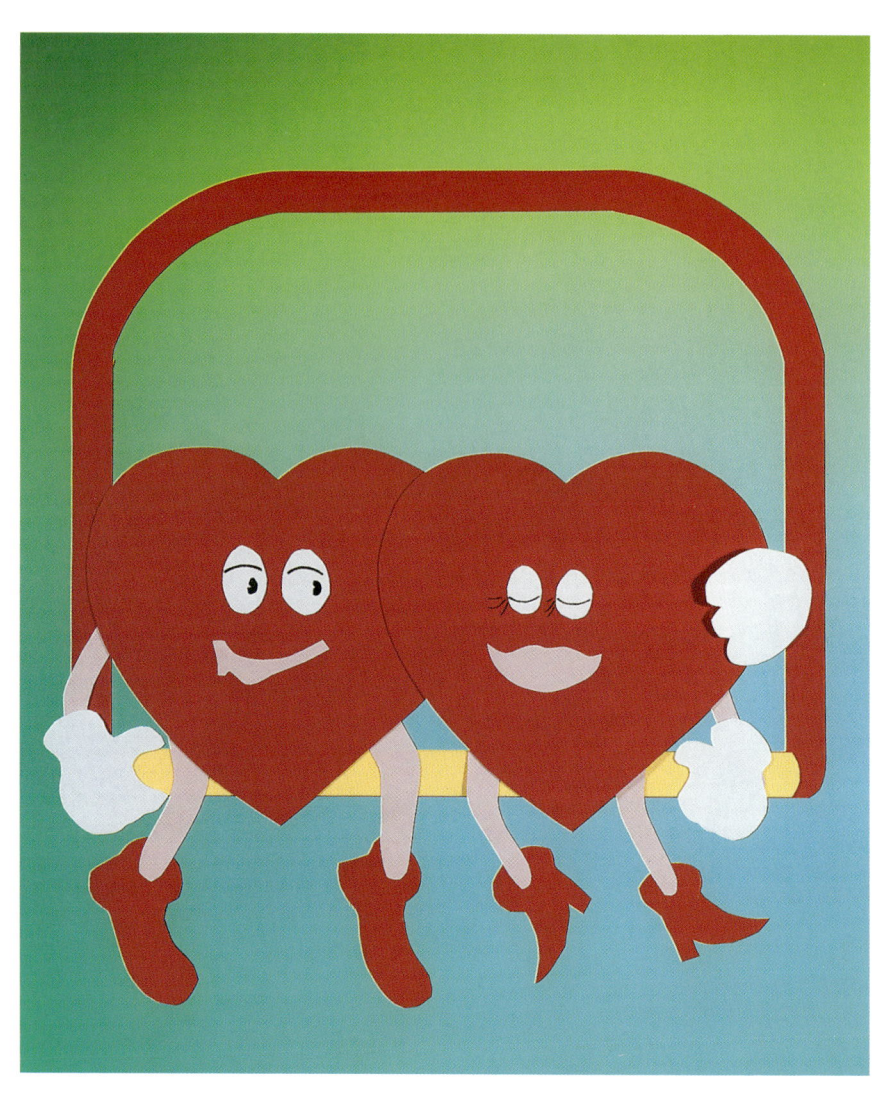

HERZ-SCHAUKEL

Das rote und das gelbe Teil der Schaukel einmal, alle anderen Motivteile zweimal ausschneiden. Erst die Teile der Herzen aneinanderkleben, dann die Herzen jeweils von vorne und von hinten deckungsgleich auf die Schaukel kleben

Das lachende Herzgrundmotiv fertigen Sie doppelt an. Die Beine werden jeweils aus einem Streifen Tonpapier angefertigt, der hexentreppenartig immer wieder gegeneinander geknickt ist. Kleben Sie die Beine jeweils mit den oberen Enden zwischen die Herzen, an die unteren Enden die Füße an. Der Herzhüpfer wippt nun lustig mit den Beinen, wenn man gegen die Füße drückt

HERZHÜPFER

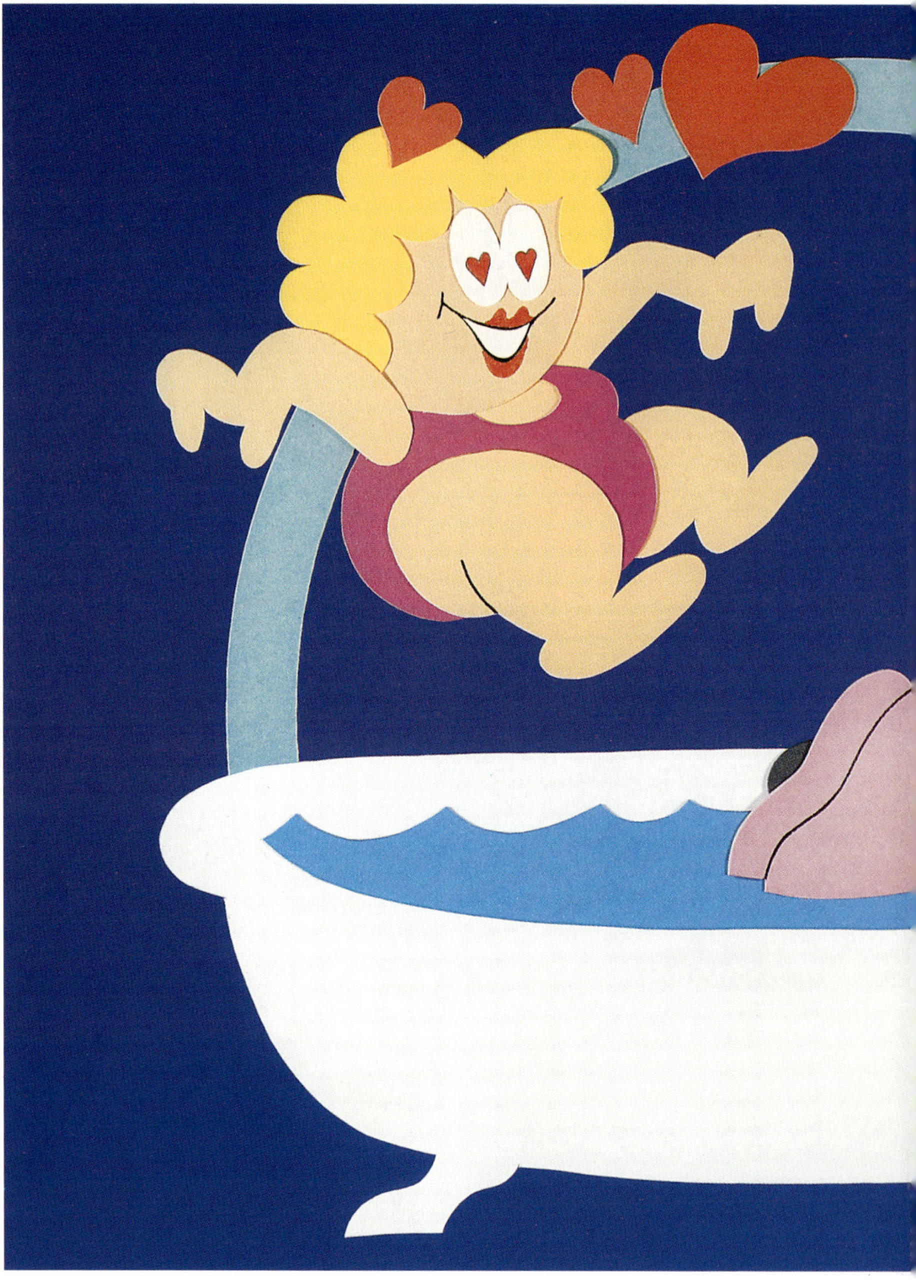

EIN BAD AUS VOLLEM HERZEN

Diese fröhliche Badeszene ist für ein Badezimmerfenster gedacht und verleitet selbst Morgenmuffel zu einem Schmunzeln. Der Rahmen wird einmal, alle anderen Teile zweimal angefertigt. Kleben Sie sie wie im Foto zusammen und auf die Rückseite deckungsgleich dagegen

PAPIER MIT HERZ

KARTEN, BRIEFPAPIER UND -UMSCHLÄGE

Mit „Herz" lassen sich die nettesten Botschaften übermitteln

Papier und Karton bieten noch weitere Möglichkeiten, mit „Herz" zu basteln. Im folgenden zeige ich Ihnen drei verschiedene Grundtechniken, wie Sie zum Beispiel Briefpapier und -umschläge oder Karten dekorieren können. Für alle drei Techniken fertigen Sie erst wie für ein Fensterbild (siehe Seite 4) eine Schablone aus Zeichen- oder Tonkarton an, in die nach Belieben ein Herzmotiv oder mehrere Motive in gleichen oder unterschiedlichen Größen geschnitten werden (Negativ-Technik). Mit Hilfe dieser Schablone können Sie das Briefpapier, die Karte oder den Umschlag nun mit Farbe besprühen, besprenkeln oder betupfen. Je nachdem, wo und wie viele Herzen Sie auf dem Untergrund plazieren, bleibt Ihnen viel oder wenig Platz für Ihre schriftliche Botschaft und Ihre Grüße. Bei dem großen Herzen ist wohl das Herz selbst schon die Botschaft, und in ihm werden nur noch wenige Worte stehen.

Sprühen:
Briefbögen, Glückwunschkarten oder Briefumschläge können Sie mit Hilfe einer Negativ-Schablone in verschiedenen Techniken nach „Herzenslust" gestalten. Hier wird die rote Lackfarbe aus der Dose einfach aufgesprüht

Sprenkeln:
Eine gröbere Körnung als beim Sprühen mit der Dose erhalten Sie beim Sprenkeln. Halten Sie dafür ein Haarsieb über das Schablonenmotiv, und fahren Sie mit einem vorher in Wasserfarbe getauchten Borstenpinsel wie im Foto über das Sieb

Tupfen:
Eine noch gröbere Musterung erhalten Sie, wenn Sie die Wasserfarbe mit einem feuchten Schwamm leicht auftupfen

15

Diese Glückwunsch- und Tischkarten sowie das Briefpapier wurden jeweils besprenkelt. Eine Kombination von unterschiedlichen Farben, hier Rot und Blau, sieht sehr reizvoll aus. Sie können sogar ein Herz zweifarbig gestalten, zum Beispiel eine Hälfte in Rot und eine in Blau. Fertigen Sie für jede eine Schablone an

Ob auf Karten, auf Umschlägen oder auf Briefpapier, die Herzen sehen besonders schön aus, wenn ihre Farben intensiv leuchten. Diese Herzen werden in Rot und in Blau getupft. Das grobe Muster, das durch die Oberflächenstruktur des Schwammes entstanden ist, hat seinen eigenen, sehr dekorativen Reiz

Eine andere Möglichkeit, wie man zum Beispiel Briefumschläge gestalten kann, ist das Aufkleben von Herzen aus Moosgummi oder das Hinterkleben eines schon in den Umschlag geschnittenen Herzmotivs

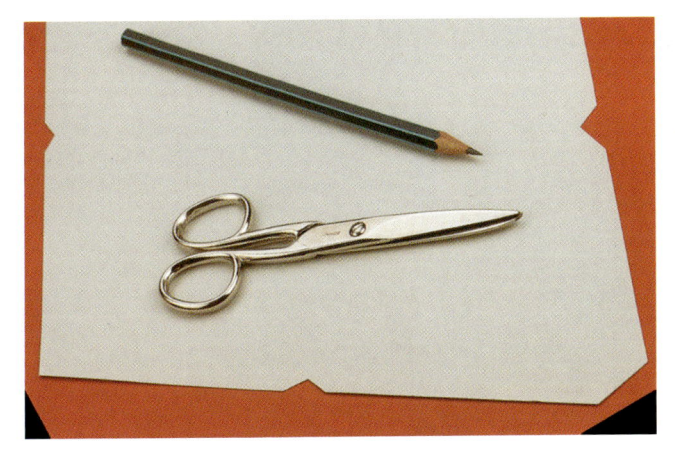

Umschlag:
Fertigen Sie erst wie hier eine Schablone aus Zeichenkarton für den Umschlag an (Vorlage siehe Vorlagebogen). Die eingeschnittenen Ecken markieren spätere Faltkanten. Übertragen Sie die Form des Umschlages mit Hilfe der Schablone auf Tonpapier

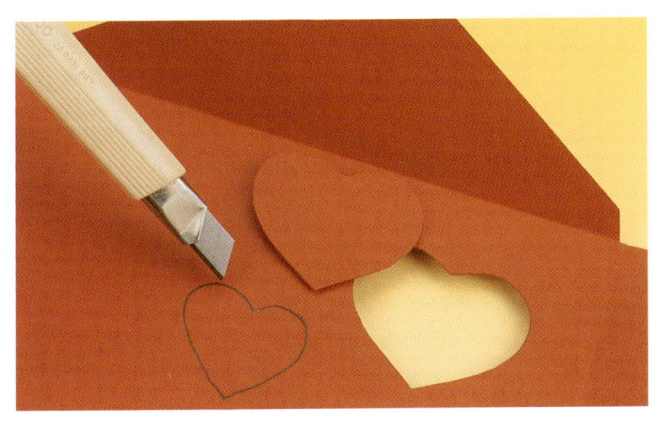

Legen Sie den ausgeschnittenen Umschlag auf eine Unterlage, und schneiden Sie nach Belieben ein Herz oder mehrere Herzen nur aus der Vorderseite oder aber gleichzeitig aus Vorder- und Rückseite aus (Rundungen mit der Rundschere)

Falten Sie den Umschlag wie in der Vorlage angegeben, und kleben Sie ihn zusammen. Rund um jedes Herz wird an der Kontur entlang noch Glitter aufgetragen und der Stoff auf der Rückseite angeklebt

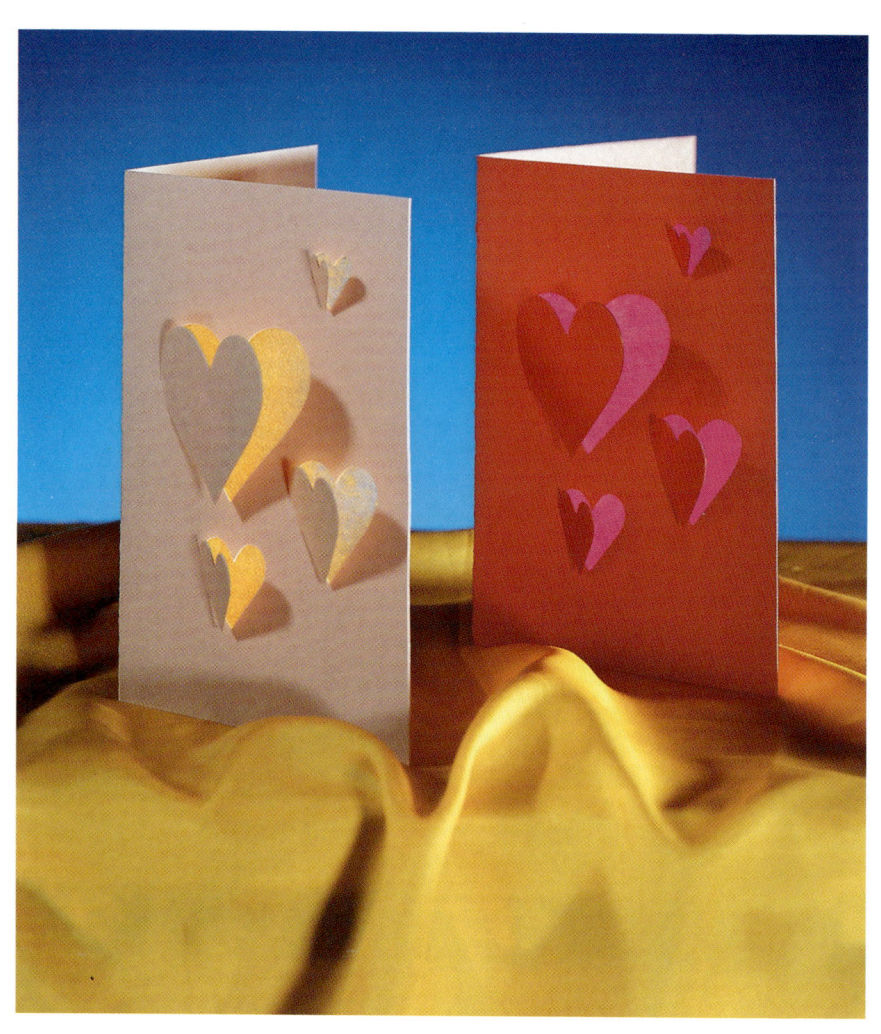

HERZEN MIT DURCHBLICK

Eine einfallsreiche Variante der schon vorgestellten Grußkarten ist die mit den aufklappbaren Herzen. Die länglichen Karten werden genauso wie die Briefumschläge auf Seite 19 mit Hilfe einer Schablone gebastelt, die Herzen jeweils aber nicht ganz ausgeschnitten, so daß sie mit einer nach vorne umgeknickten Seite noch an der Karte befestigt sind. Hinterkleben Sie die Herzen mit Transparentpapier

HERZBALLONS

Einen Ballon in Herzform bekommen Sie in jedem Deko-Geschäft. Der Ballon wird aufgeblasen und ganz mit Vaseline eingecremt. Reißen Sie nun farbiges Transparent- oder Seidenpapier in viele kleine Schnipsel, und tauchen Sie diese in Kleister ein. Kleben Sie die Stücke auf den Ballon. Wenn alles getrocknet ist, wird der Luftballon mit einer Nadel zerstochen und herausgezogen

HOLZ MIT HERZ

SERVIETTEN- ODER BRIEFHALTER

Auf den folgenden Seiten zeige ich Ihnen eine ganze Reihe von Möglichkeiten für das Basteln mit Herzen aus Holz, egal, ob diese Objekte als Schmuck für die eigenen vier Wände, als kleine Aufmerksamkeit oder als Geschenk für liebe Freunde gedacht sind. Am Beispiel des Serviettenhalters erkläre ich Ihnen nun die wichtigsten Schritte für die **Holzbearbeitung:** Nachdem Sie die Herzschablone aus dem Zeichenkarton angefertigt und auf ein Sperrholzstück gelegt haben, zeichnen Sie die Kontur des Herzens mit dem Bleistift direkt auf das Sperrholz auf. Für das Aussägen des Motivs eignet sich eine Laubsäge besonders gut. Sägen Sie für den **Abstandhalter**, der zwischen den beiden Herzen unten angeklebt wird, ein passend großes Holzklötzchen zu. Die Kanten des Herzens und des Klötzchens schleifen Sie mit Schmirgelpapier glatt. Tragen Sie die Lackfarbe mit einer Rolle gleichmäßig auf die Herzen. Geben Sie nun Holzleim auf zwei gegenüberliegende Seiten des Abstandhalters, legen je ein Herz mit der Spitze auf den Klebstoff und drücken alle Teile so lange mit der Schraubzwinge fest zusammen, bis der Klebstoff getrocknet ist.

Eine prima Geschenkidee und ungewöhnlich dazu ist dieser Herz-Serviettenhalter

Fertigen Sie erst eine Schablone aus Karton an, deren Konturen Sie auf dem Holz mit einem Bleistift aufzeichnen

Die Konturen der ausgesägten Holzherzen werden jeweils mit Schmirgelpapier glattgeschliffen

Tragen Sie mit einer Rolle gleichmäßig die rote Lackfarbe auf die Vorder- und auf die Rückseite der Herzen auf. Auf die noch nasse Farbe streuen Sie goldenen Glimmer

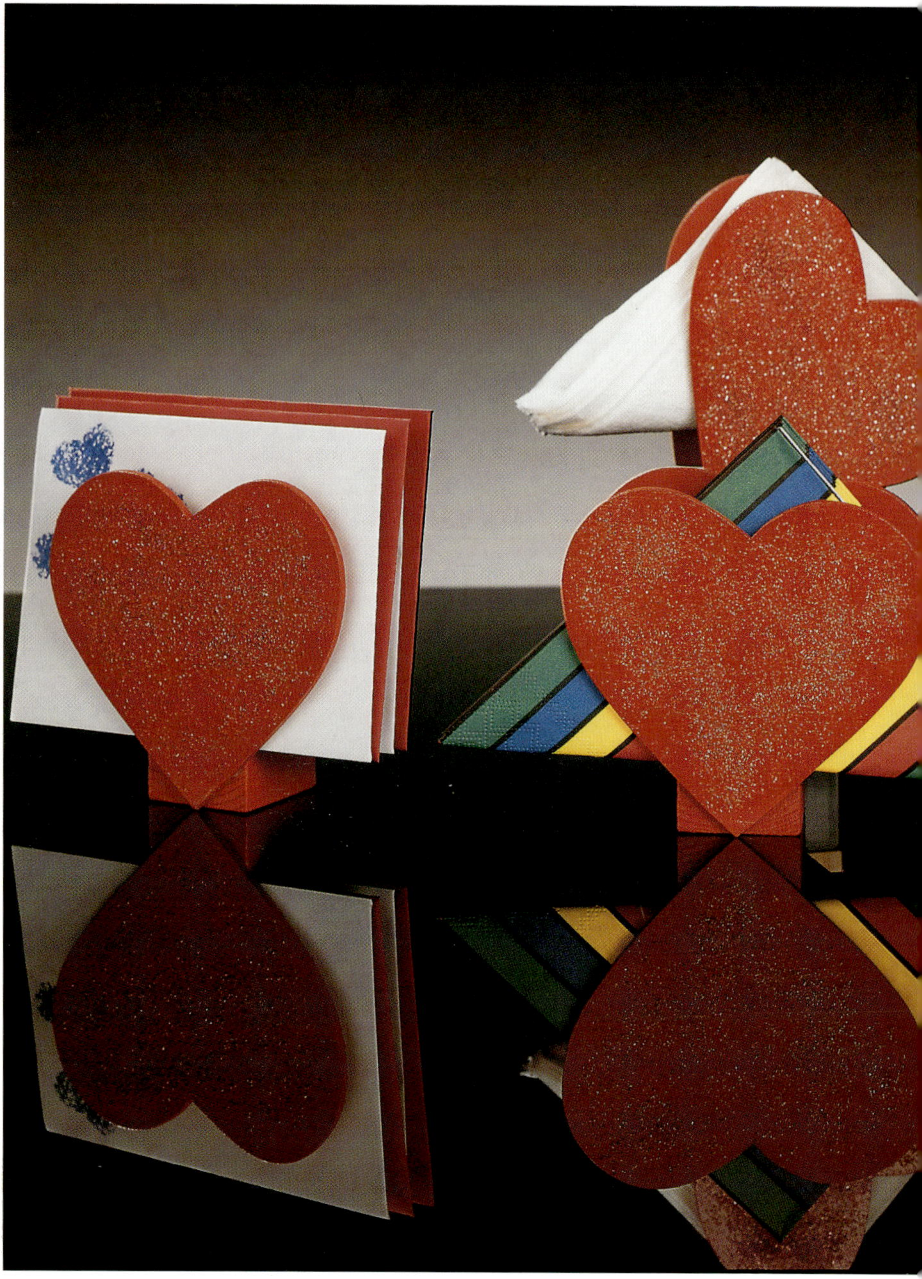

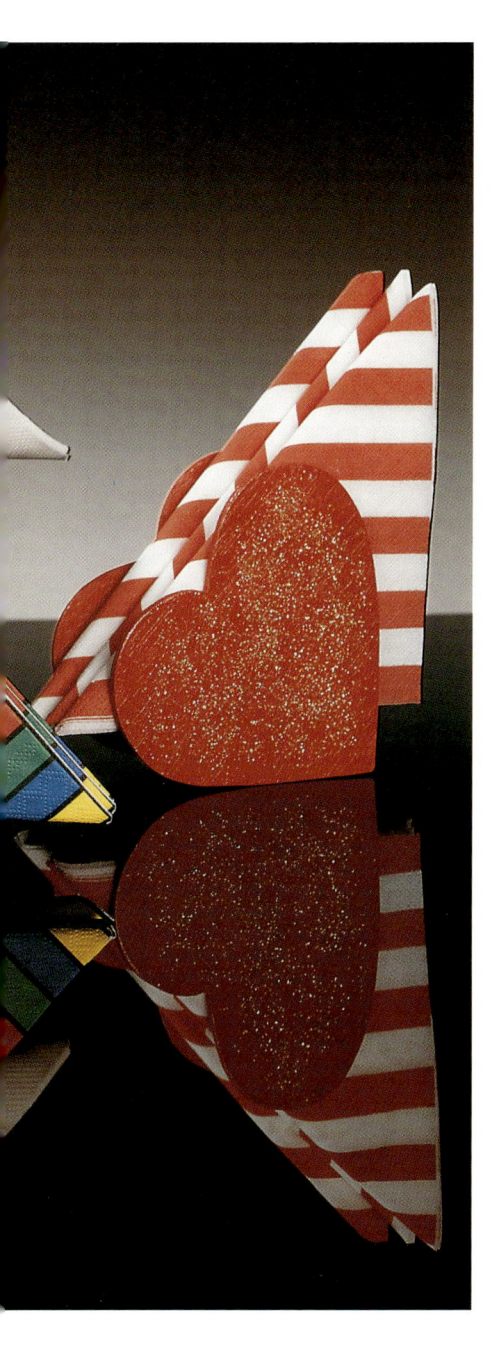

Einfach herzustellen, schön anzuschauen und mit vielen Einsatzmöglichkeiten: die Herzhalter. Besonders originell ist das gefallene Herz. Sprühen Sie etwas Haarlack auf den Glimmer, damit er besser hält

HERZUHR

Für die Herzuhr schneiden Sie mit der Laubsäge die entsprechende Herzform (siehe Vorlagebogen) wie in der Grundanleitung aus Sperrholz zu. In die Mitte des Herzens bohren Sie mit einem Handbohrer ein Loch, in das die Uhrwerksführung der Zeiger von hinten hineingesteckt wird. Uhrwerke kosten wenig und sind in Bastelläden erhältlich. Kleben Sie nach Belieben Ziffern auf die entsprechenden Stellen der Uhr. Dafür eignen sich Zahlensticker sehr gut. Ziffern, die nicht durch Sticker dargestellt werden sollen, markieren Sie wie hier mit grünen runden oder andersfarbigen Klebepunkten

HERZMOBILES

Dieses dekorative Mobile ist aus Sperrholz angefertigt worden. Das große offene Herz müssen Sie schon sehr sorgfältig ausarbeiten. Für das Aussägen des Innenteils am inneren Rand des Herzens ein Loch bohren. Für die Schnüre zum Aufhängen bohren Sie mit einem dünnen Bohrer Löcher sowohl in jedes kleine Herz wie auch in das große.

Befestigen Sie jeweils die Schnüre an den Herzen. Verzieren Sie die kleinen Herzen noch mit Schleifen, und hängen Sie diese alle an das große offene Herz

Genau nach demselben Prinzip wie das oben abgebildete Herzmobile ist auch das auf Seite 27 zu sehende Mobile gebastelt worden

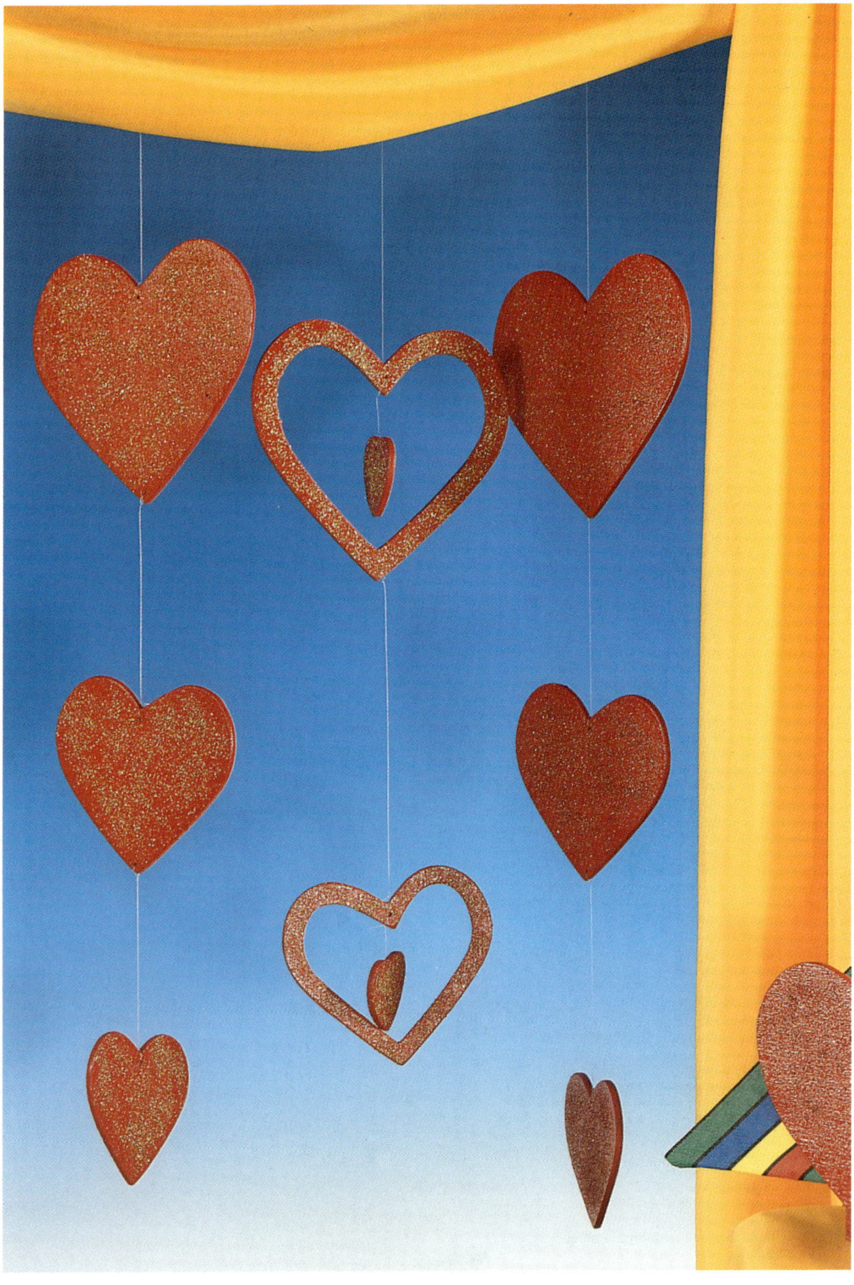

HERZTAFEL

Die Grundform der Herztafel, wie auf Seite 22 beschrieben, aussägen und bemalen. Oben in die Mitte des Holzherzens ein Loch für die Aufhängung bohren. Genau in die Mitte einer Herzseite ein quadratisches Stück Tafelfolie kleben (Tafelfolie ist im Bastelgeschäft erhältlich.) Sie können auch noch die obere Spitze eines weißen Stifts durchbohren und diesen mit einer Schnur am Herzen befestigen

HERZBLUMEN

Die Herzblumen sind ganz einfach herzustellen. Bohren Sie mit einem feinen Bohrer je ein Loch oben in einen dünnen langen Holzstab und unten in die Herzspitze. Ein eingeklebter Metallstift verbindet beide Teile

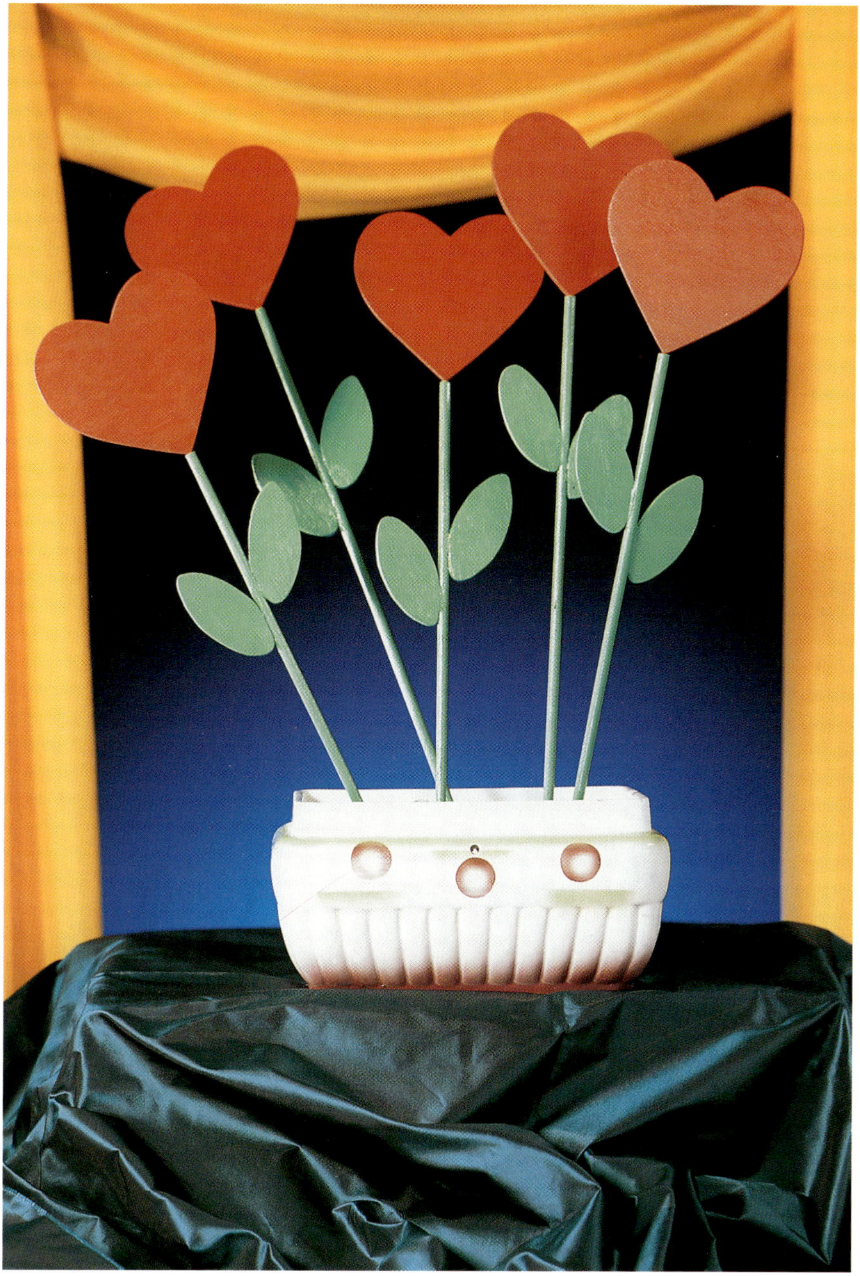

STOFF MIT HERZ

HERZKISSEN

Bekanntlich kann man nie genug Kissen haben! Die Herstellung eines Herzkissens ist ganz einfach, wenn Sie es mit Hilfe einer Nähmaschine anfertigen. Ob es nun ein kleines Herzkissen, wie beispielsweise ein **Nadel-** oder ein **Kräuterkissen,** oder ein großes **Sofakissen** werden soll, die Verarbeitung des Stoffes und die Arbeitsabläufe sind stets die gleichen. Fangen Sie mit dem inneren Kissen aus Nesselstoff an, das gefüllt und in eines aus Bezugstoff gesteckt wird:
Mit Transparentpapier und einem Bleistift übertragen Sie zunächst ein Herzmotiv vom Vorlagebogen auf den **Nesselstoff.** Zeichnen Sie dann in das Stoffherz ein etwa ein Zentimeter kleineres Herz ein. Legen Sie den Stoff doppelt, und schneiden Sie ihn an der äußeren Herzkontur entlang aus. Nähen Sie mit der Nähmaschine die beiden mit den Vorderseiten aufeinanderliegenden Nesselstücke an der inneren Herzkontur zusammen. Dabei müssen Sie an einer Seite der Herzen eine Lücke offenlassen, durch die später das Füllmaterial gestopft wird. Schneiden Sie nun den überstehenden Stoffrand in Abständen von etwa eineinhalb Zentimetern bis zur Naht ein, damit sich dieser nach dem Umstülpen besser legen läßt. Aus dem gleichen Grund sollten Sie auch die Spitze des Stoffherzens ein Stück einschneiden, damit dort später kein unschöner Wulst entsteht. Stülpen Sie das Nesselherz durch die Öffnung in der Naht auf rechts.
Füllen Sie das Herzkissen mit Füllwatte oder mit Schaumstoffflocken, und vernähen Sie das noch offene Stück Naht mit der Hand.
Das **Herzkissen** aus **Bezugstoff** fertigen Sie genauso an wie das aus Nessel. Lassen Sie eine etwas größere Lücke in der Naht, durch die das Nesselherz eingeschoben wird. Vernähen Sie die Öffnung mit der Hand – das Herzkissen ist fertig!

Wenn Sie lieber ein „feineres" Kissen anfertigen wollen, dann ist Naturseide oder Seide der geeignete Stoff für Sie. Samt läßt sich ebenfalls sehr gut zu Kissen verarbeiten. Aus Stoffresten lassen sich ganz einfach kleine Herznadelkissen nähen.

Tip:
Wenn Sie das innere Herzkissen anstelle von Schaumstoffflocken oder von Füllwatte mit einem aromatischen Potpourri füllen, haben Sie ein Duftkissen

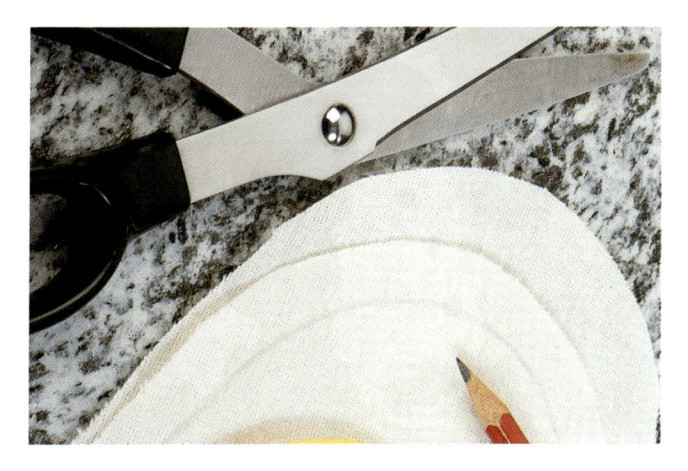

Den doppelt gelegten Nesselstoff an der äußeren Herzkontur entlang ausschneiden

Mit der Nähmaschine die beiden Stoffteile an der inneren Herzkontur entlang miteinander vernähen

Das Kissen durch die offene Stelle in der Naht auf rechts wenden und dann die Füllung hineinstopfen. Anschließend die offene Stelle per Hand vernähen

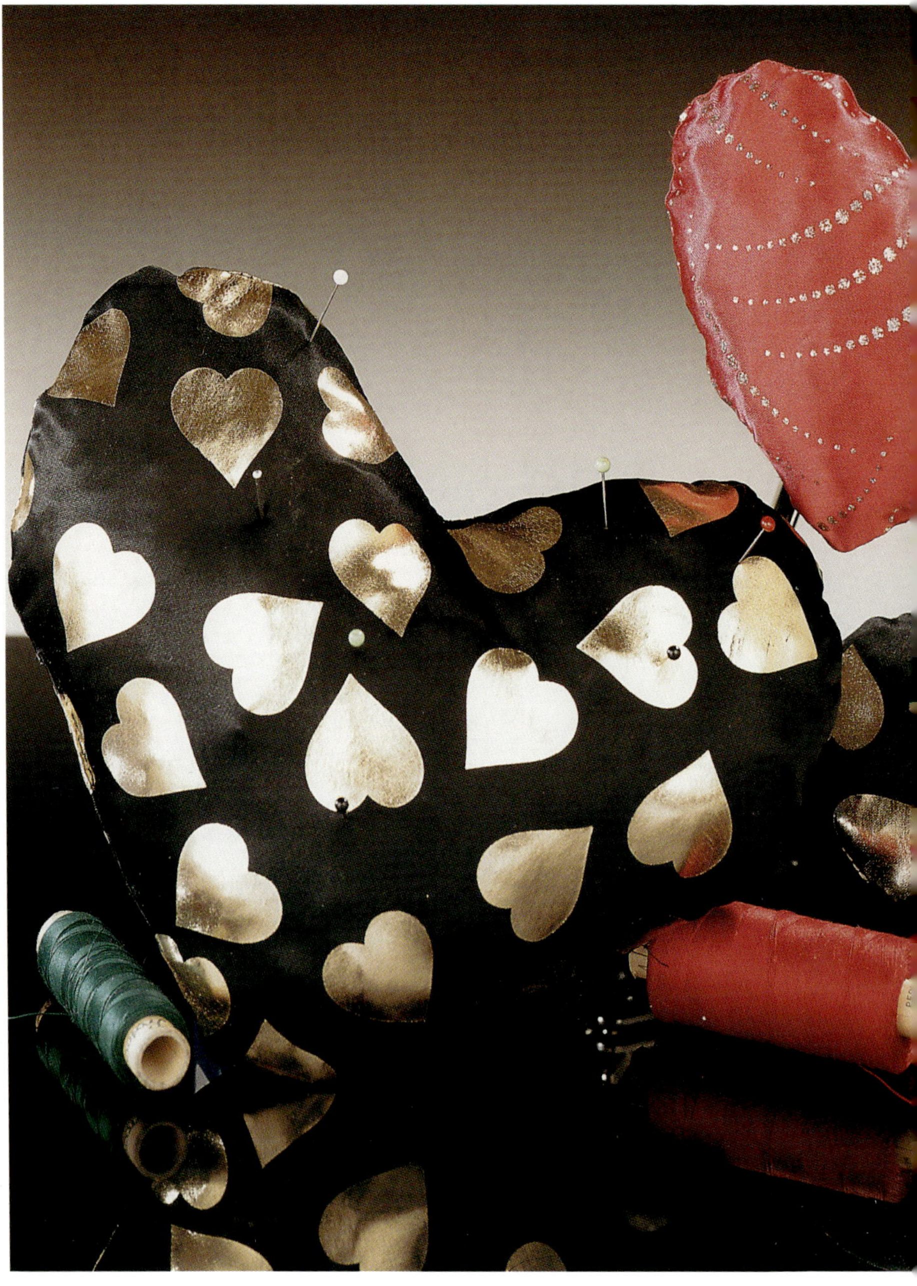

Ob klein oder groß, Herzkissen wie diese aus Satin finden vielfache Verwendung. Kleine Kissen können Sie als Nadelkissen gebrauchen. Achten Sie darauf, daß die Füllung für ein Nadelkissen so dicht wie möglich gestopft ist. Besonders pfiffig sehen Kissen aus Stoffen mit Herzmustern aus, also „Herzen auf dem Herz", wie die hier abgebildeten kleinen goldfarbenen auf dem schwarzen Untergrund

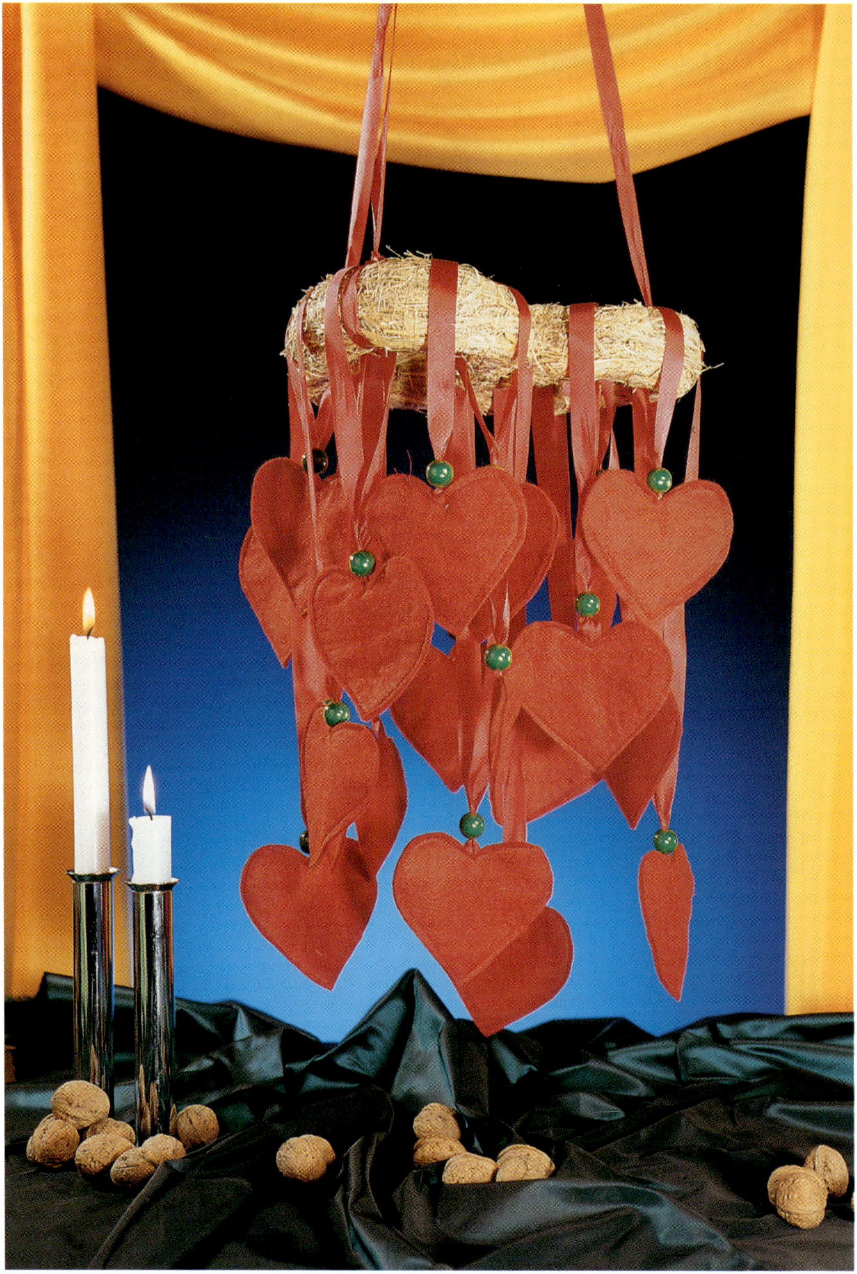

TISCH-GIRLANDE

Eine Tischgirlande aus Efeu, Zierband und Filzherzen wirkt anspruchsvoll und ist dennoch schnell gemacht

ADVENTS-KRANZ

Dieser dekorative Adventskranz ist aus 24 roten Filzherzen angefertigt worden, die jeweils über einen Herzstrohkranz gehängt sind. Einen solchen Strohkranz können Sie preiswert im Blumenfachhandel erstehen. Ansonsten benötigen Sie roten Filz, rotes Zierband und grüne Holzkugeln. Die Herzen schneiden Sie jeweils doppelt aus und nähen beide Herzteile wie beschrieben (Seite 30) zusammen. Lassen Sie die obere Naht in der Mitte etwas offen. Fädeln Sie eine Holzperle auf das Ende eines beliebig langen Bandes, und nähen Sie dieses oben an das Herz. Mit dem anderen Bandende verfahren Sie ebenso. Füllen Sie die Herzen nach Belieben mit Süßigkeiten, und hängen Sie sie in unterschiedlichen Längen über den Strohkranz

MOOSGUMMI MIT HERZ

Mit Moosgummi basteln Sie im Prinzip genauso wie mit Tonkarton oder -papier. Für das Aneinanderkleben der Motivteile benötigen Sie Alleskleber (oder eine Klebepistole). Mit Moosgummi kann man die verschiedensten Gegenstände sehr schön bekleben und dekorieren. Dieses verliebte Vogelpärchen beispielsweise schmückt die Wohnungstür, die Zimmerwand oder aber das Fenster

HERZ-STÄNDER

Das Herz aus Moosgummi mit dem verliebten Vogelpärchen macht auch bei einer Taufe oder einer Hochzeitsfeier eine gute Figur. Hier wurde es auf einen Ständer montiert, der aus einem Metallrohr mit einer Metallplatte besteht. Große, üppig gestaltete Schleifen aus Satinband und Tüll sowie eine weiße Feder schmücken den Ständer zusätzlich dekorativ

HERZ-PINNWAND

Die hübsche Herzpinnwand aus Moosgummi ist nicht nur ein Blickfang, sondern auch eine nützliche „Gedächtnisstütze". Der Teddy aus Moosgummi wird besonders Kindern gut gefallen (Motivvorlage siehe Vorlagebogen). Stechen Sie je ein Loch in einen Herzbogen, und befestigen Sie dort eine bunte Kordel zum Aufhängen. Die Stecknadeln können jeweils noch mit kleinen Moosgummiherzen verziert sein

HERZ-SCHACHTELN

Die abgebildeten Bürohilfen sind ehemalige Getränke-, Bonbon- und Filmdosen, die mit bunten Herzen aus Moosgummi umklebt und verziert wurden

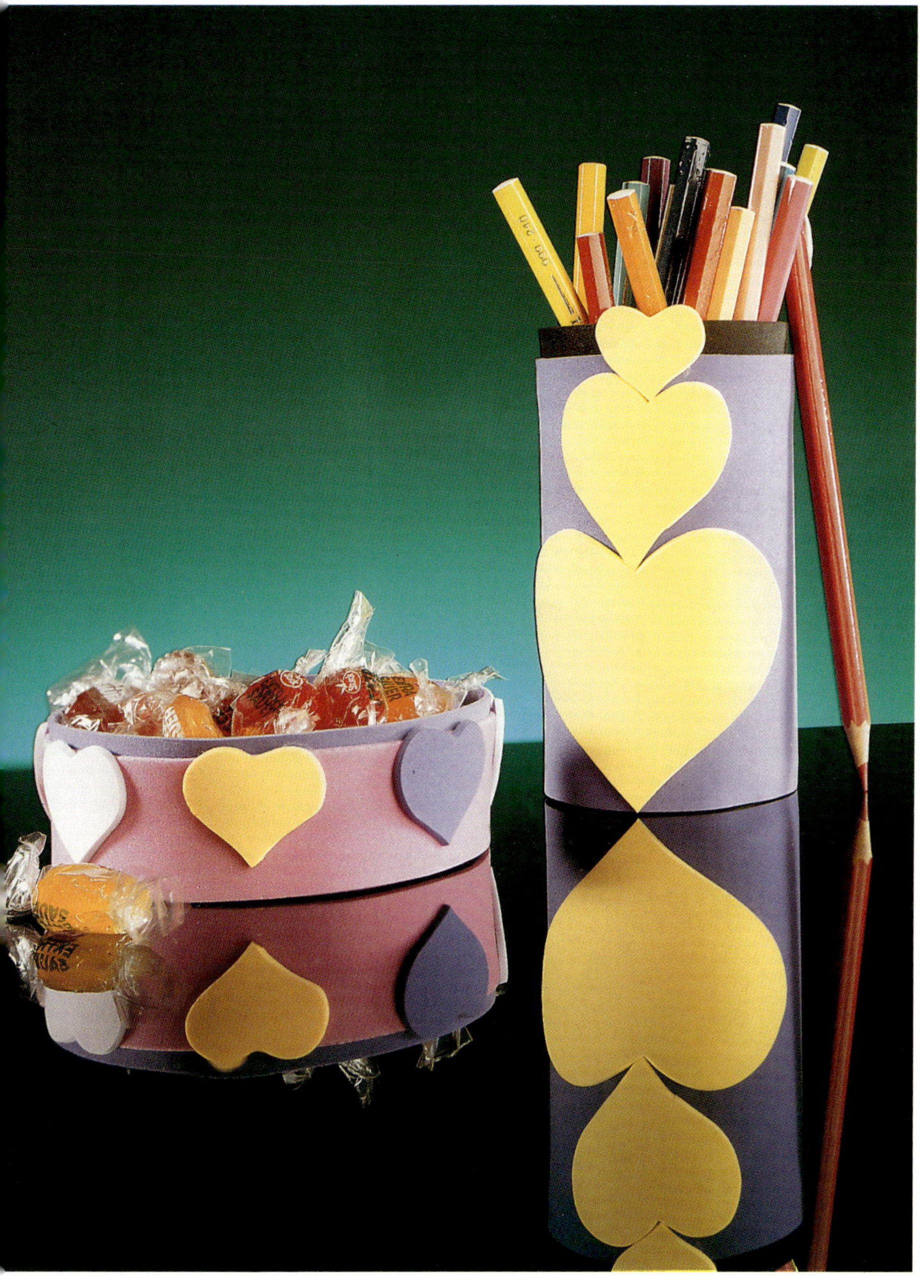

HERZ-SCHMUCK

Diese Schmuckherzchen aus Moosgummi können Sie auf die unterschiedlichsten Untergründe kleben, zum Beispiel auf eine ausgediente Krawattennadel, einen Ohrstecker, eine Haarspange, ein Armband oder eine Brosche. Besonders pfiffig sehen die Herz-auf-Herz-Kombinationen aus

HERZ-TISCHSETS

Ein liebevoll bunt gedeckter Tisch mit vielen Herzaccessoires aus Moosgummi lädt zum Platznehmen ein. Die Serviettenringe sind aus Herzen in zwei unterschiedlichen Größen gebastelt worden, wobei jeweils ein kleines Herz zwei große miteinander verbindet. Die Tischsets bestehen jeweils aus einem großen Herz, in dessen Mitte ein kleineres geklebt wurde, das mit einem Motiv in der sogenannten Negativ-Technik (siehe Seite 14) verziert wurde. Die Farben der beiden Herzen sollten möglichst kontrastieren. Die Kerzenhalter sind aus kurzen Kupferrohrstücken gebastelt worden, die erst mit Moosgummi umklebt und dann auf ein Moosgummiherz gesetzt wurden

41

BLUMEN MIT HERZ

TISCHDEKO

Für Frischblumengestecke benötigen Sie als Untergrund Steckschaum, der im Blumenhandel erhältlich ist. Die Herzform können Sie selbst mit einem Messer aus dem Schaum ausschneiden oder fertig kaufen

Der Steckschaum muß vor dem Stecken eine Stunde in Wasser gelegt werden, damit er sich richtig vollsaugt. Blumen für Frischgestecke werden nicht gedrahtet, sondern jeweils am Stielende nur schräg angeschnitten. Stecken Sie erst alle grünen Materialien wie Blätter und dann die Blumen (wie hier die roten Rosen) ein, oder gestalten Sie ein beliebiges Muster mit beiden Materialien. Der oben abgebildete Serviettenhalter ist in der Mitte herzförmig ausgeschnitten.

Oben sehen Sie ein elegantes Frischblumengesteck aus Rosen und Efeu, das jede Festtafel verschönert

Ein originell gedeckter Tisch zeigt den Gästen Ihre besondere Wertschätzung durch den Gastgeber. Die verschiedenen Bastelideen aus diesem Buch lassen sich sehr gut zu schönen Tischdekorationen kombinieren, hier zum Beispiel die Filzherzen von Seite 35 mit den Frischblumengestecken aus Rosen

HERZ-POTPOURRI

Eine klassische und einfach selbst zu machende, jedoch sehr hübsche Idee ist das Arrangieren von duftenden Blütenpotpourris. Das hier abgebildete Potpourri erhält durch seine Herzform eine besondere Note. Die verwendeten Materialien sind farblich auf den Teller abgestimmt, wodurch das Arrangement eine weitere besondere Stilnote erhält

HERZKRANZ

Für diesen Herzkranz brauchen Sie einen Herzstrohkranz, Statice, Trockenblumen, Bindedraht, Blumenschere, Steckschaum, Federn und Schmuckband. Zuerst die Statice in viele gleich große Blütenstände schneiden und diese mit Draht zu Bündeln binden. Die Statice bis auf die Unterseite des Kranzes rundum schichtweise mit dem Draht an den Kranz binden. Die Stiele der anderen Blumen abschneiden

KUCHEN MIT HERZ

Ein Rezept für Kuchen in Herzform: Übertragen Sie vom Vorlagebogen eine große Herzform auf Transparentpapier, und legen Sie diese auf einen fertig gekauften Bisquitboden. Schneiden Sie nun mit einem langen scharfen Messer an der Motivkontur entlang den Herzboden aus

Zutaten für den Kuchenbelag:
1 Päckchen Götterspeise Himbeer,
125 ml Wasser,
200 g Zucker,
1 Vanillezucker,
200 g Philadelphia Frischkäse,
Saft von 1 Zitrone,
0,5 l süße Sahne

Zubereitung Belag: Götterspeise mit dem Wasser verrühren, 10 Minuten stehenlassen. Zukker und Vanillezukker dazugeben, bei geringer Wärmezufuhr auflösen (nicht kochen) und abkühlen lassen. Frischkäse verrühren. Zitronensaft unter die Götterspeise geben und langsam unter den Käse rühren. Süße Sahne steif schlagen. Frischkäse-Götterspeisen-Masse locker darunterziehen. Die fertige Masse mit dem Teigschieber auf dem vorbereiteten Boden verteilen und glätten. Die Torte im Kühlschrank 2-3 Stunden durchkühlen lassen. Mit Sahnerosetten, Kerzen oder Süßigkeiten nach Belieben verzieren

UNSER TIP

Von Dieter Köhnen,
DM 9,95, S 79,–, SFr 10,90
ISBN: 3-8068-**5272**-3

Von Maria Meinesz,
DM 9,95, S 79,–, SFr 10,90
ISBN: 3-8068-**5281**-2

Von Dieter Köhnen,
DM 9,95, S 79,–, SFr 10,90
ISBN: 3-8068-**5278**-2

Von Dieter Köhnen,
DM 9,95, S 79,–, SFr 10,90
ISBN: 3-8068-**5282**-0

Von Elfriede Möller,
DM 9,95, S 79,–, SFr 10,90
ISBN: 3-8068-**5274**-X

Von Dagmar Dieterle,
Jutta Reick,
DM 9,95, S 79,–, SFr 10,90
ISBN: 3-8068-**5270**-7

Jeder Band mit 48 Seiten, durchgehend vierfarbig, kartoniert.

FALKEN

Der Spezialist für nützliche Bücher

Stand der Preise 1.1.1994 · Preisänderungen vorbehalten